Felix and Booboo

Felix Is Curious About His Body
Felix ist neugierig auf seinen Körper

Illustrator
Mylène Villeneuve

Author
Dr. Nicole Audet

Pic
The syringe

Toc
The reflex hammer

Felix
The main character

Lens
The lens

Pill
The bottle of pills

Ahhh
The tongue depressor

View
The otoscope

Booboo
The stethoscope

Mr. Long
The measuring tape

Hot
The thermometer

© 2024 by Dr. Nicole Audet
ISBN paperback: 978-1-998096-16-9
ISBN PDF: 978-1-998096-17-6
ISBN Kindle: 978-1-998096-18-3
ISBN ePUB: 978-1-998096-19-0
Translators: Danielle Hampson,
Wolfgang Schühly, and Karin Wiedner
Author Photograph: Toulouse Jodoin
Artistes Photographes
Design Graphic: Italique
Publisher: Dr.Nicole Publishing

*Thanks to Sylvain Boulanger
for his advice and patience.*

Legal notice - 2024-Library and Archives Canada/Bibliothèque et Archives nationales du Québec

Please consider posting a brief review about this book. Reviews are very important to all authors. Thank you.

The characters in this story are fictional. Parents are advised to consult a healthcare professional if their child has symptoms similar to those described in this story.

Toc and Mr. Long asked their friend Felix to play with them. "Not now. I must to go to the **human body museum** to prepare for an exam. I'm afraid I won't be able to answer all the questions."

"Take us with you. The human body is our specialty. We can surely help you," suggested Mr. Long.

2

"There are eight stations and a **game room**," said Mr. Long.

I want to go to the game room **right away!**

"We must first visit the exhibition with Felix and take notes. Pull out your pencils and notebooks," said Booboo.

3

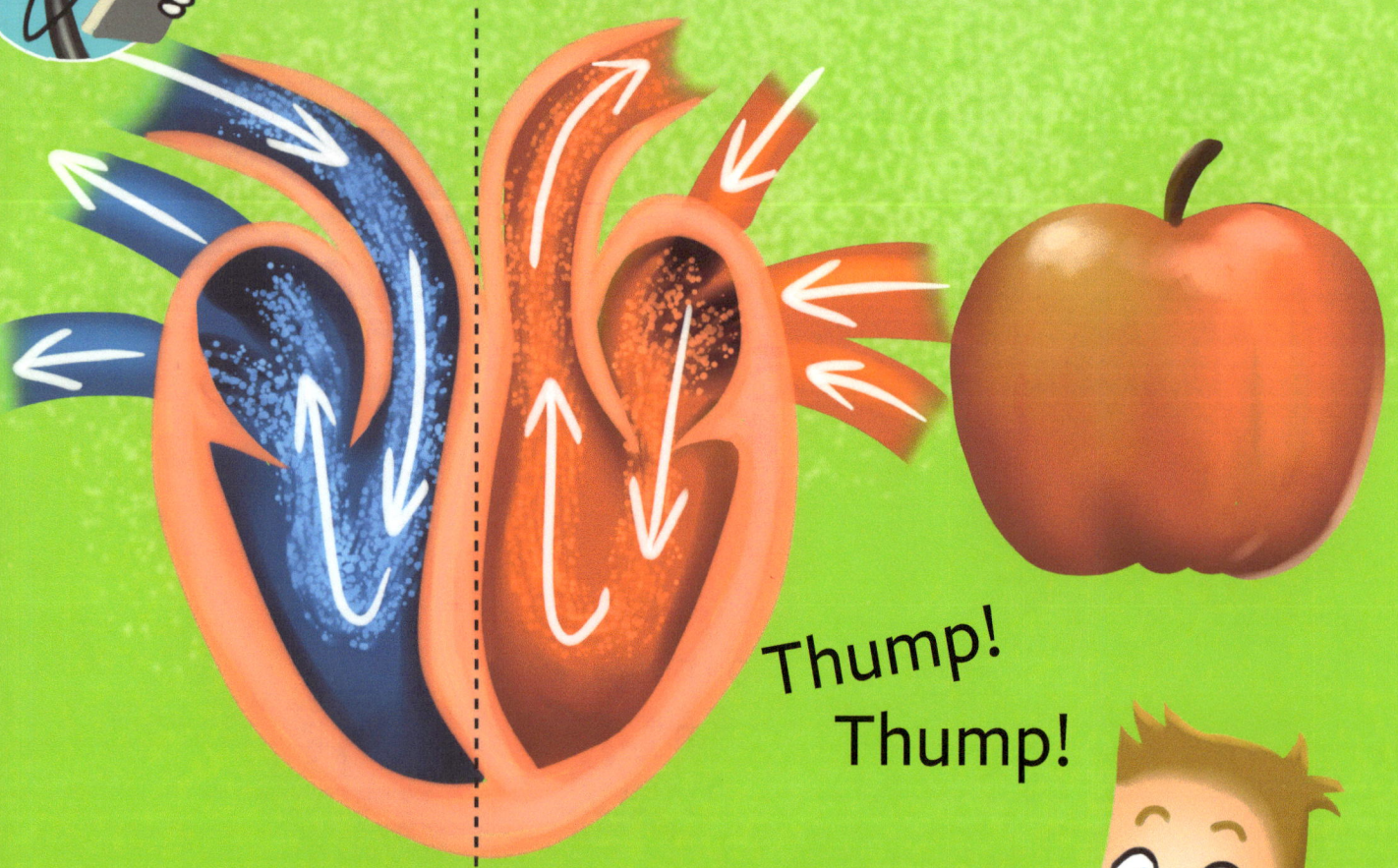

Circulation

Thump!
Thump!

Toc noted this in his notebook, "Your heart is as big as an apple. It pumps your blood throughout your entire body. You can feel your heart beating by putting your hand on your chest."

4

"Lens, why are you touching my wrist?" worried Felix.

"I'm taking your pulse. I can measure your heart rate. It beats 60 times in a minute, which is normal," said the magnifying lens.

Expiration

Inspiration

Lungs

"Your heart and your lungs work as a team. They **never** sleep," said Toc.

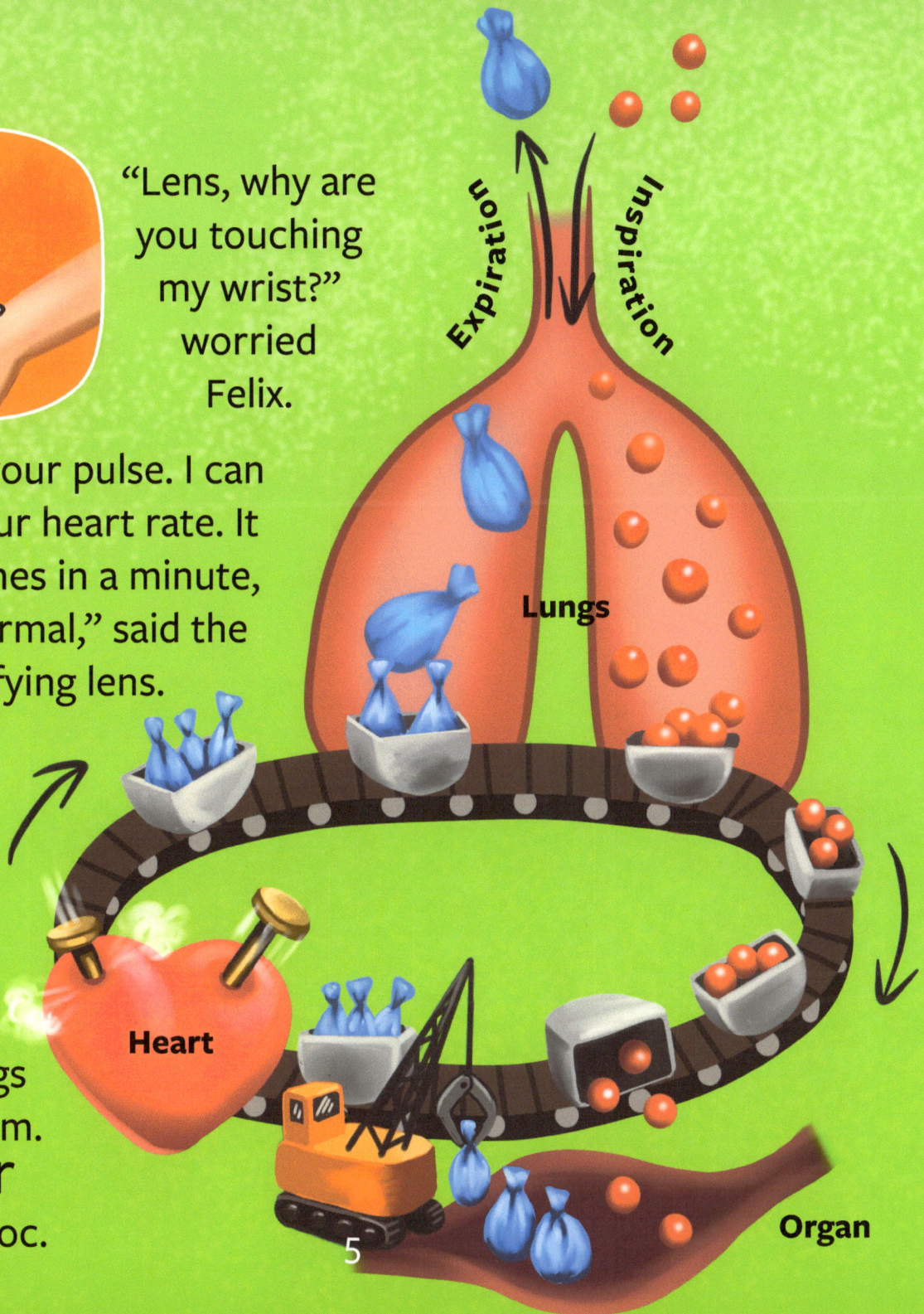

Heart

Organ

5

Breathing

Trachea

Bronchioles

Lungs

Bronchi

Alveolar sacs

Alveolar sacs

"When you breathe, pure oxygen enters through your nose then goes down into your lungs. That is the air we all breathe. Workers exchange the pure air for dirty air. When you exhale, you eliminate this dirty air. This cycle repeats over and over 20 to 30 times a minute," said Hot while taking notes.

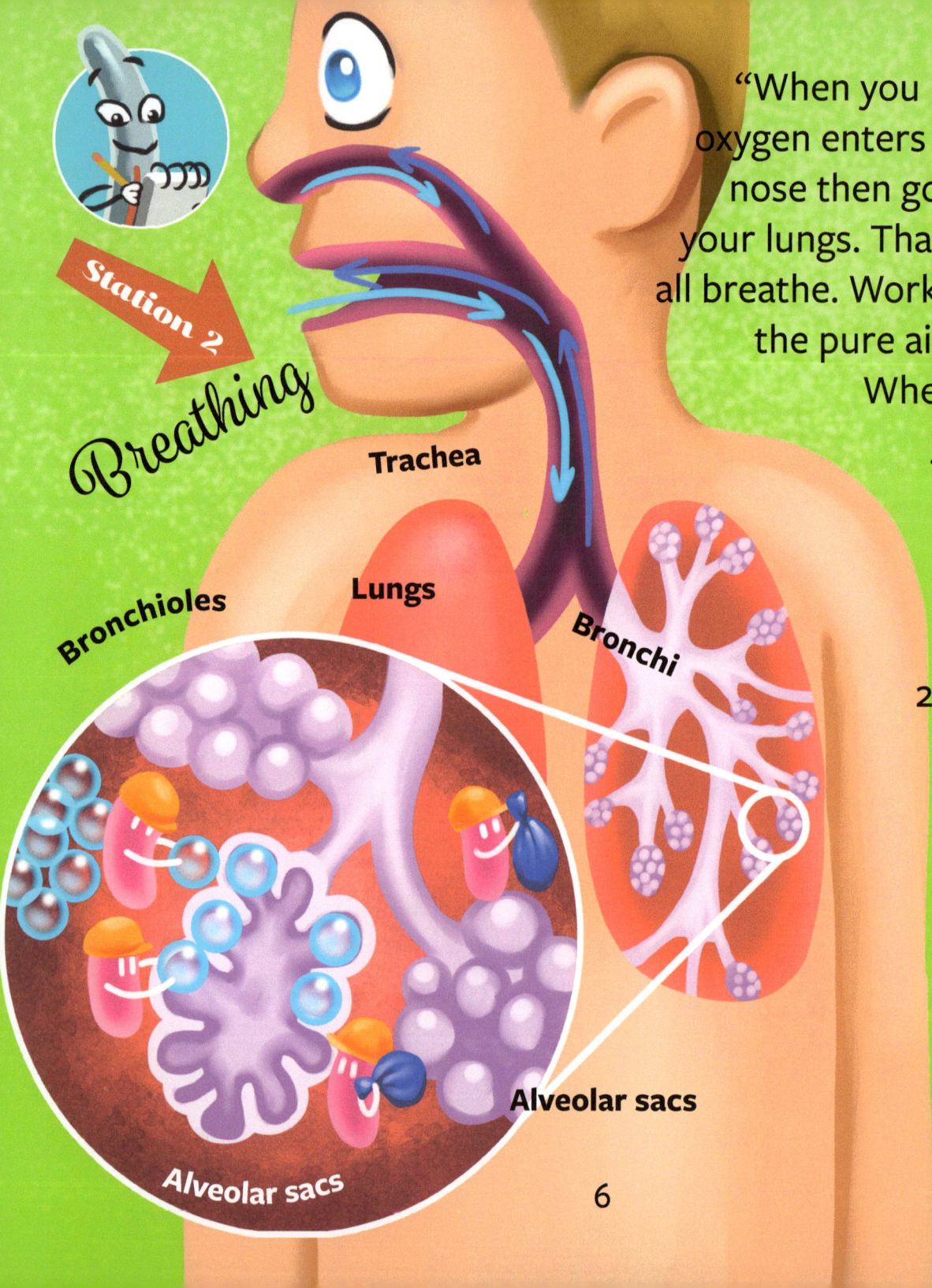

6

Mr. Long said, "Your heart beats faster and your breathing accelerates when you exercise to deliver more oxygen to your muscles."

"In contact with the cold, the water contained in your breath produces tiny droplets.
It looks like steam."

Digestion

"Digestion starts with a bite of food and ends with the formation of stool. Sometimes gas escapes from your rectum by making noise and you fart!" said View.

You eat food.

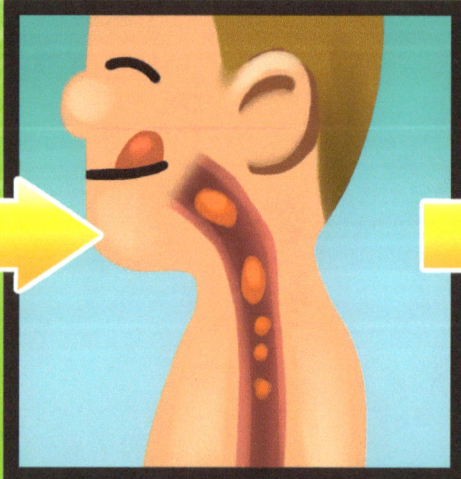

What's in your mouth goes down a long pipe.

When it arrives in the stomach, it is crushed.

You poop.

Your brain tells you to go to the bathroom.

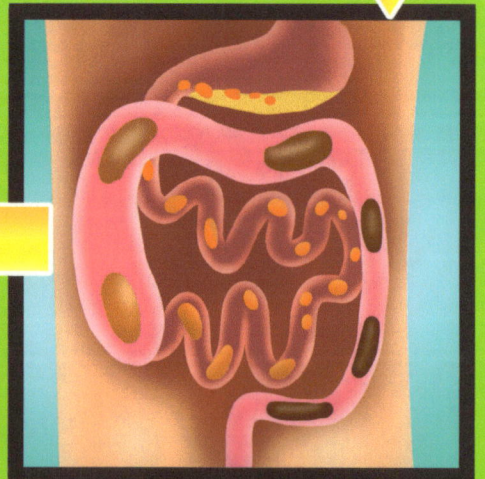

Stools are formed in the small and large intestines.

"Booboo, why do I fall asleep after a big meal?" asked Felix.

"It takes energy for your body to digest food in your belly," replied the stethoscope.

9

Station 4

Filtration

"You have two kidneys. They filter your blood and produce urine in six steps," said Ahhh.

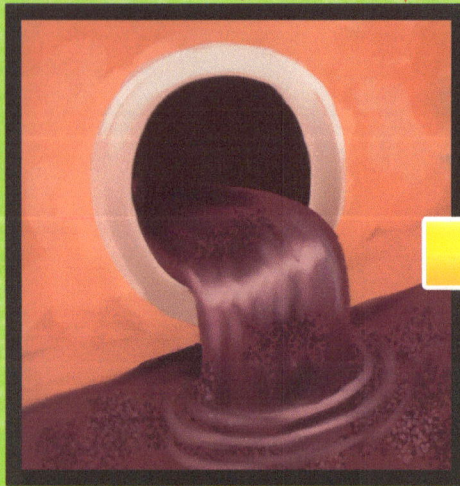

Blood flows into your kidneys.

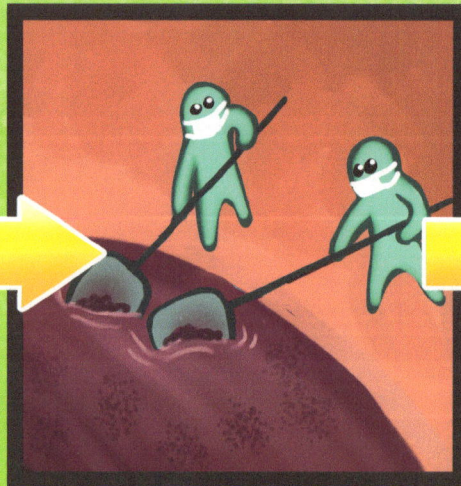

Workers filter your blood.

Urine passes through pipes.

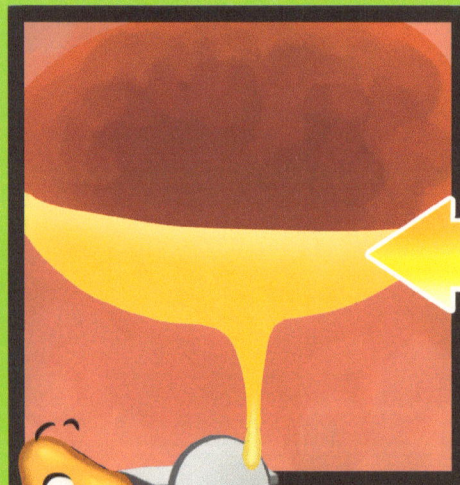

You pee.

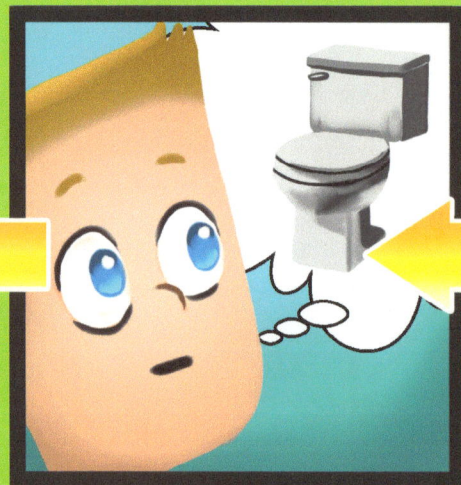

Your brain tells you to go to the bathroom.

Your bladder fills up.

10

Vein **Artery**

Kidney **Kidney**

Ureter

Bladder

Urethra

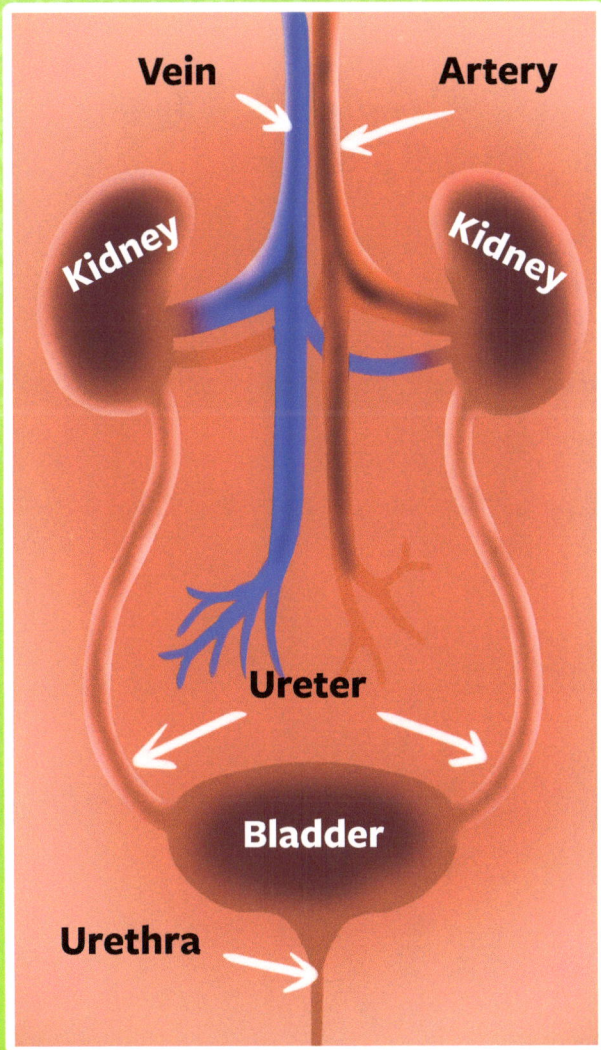

**Ahhh sits
to pee.**

**Lens stands
to pee.**

The Body in Action

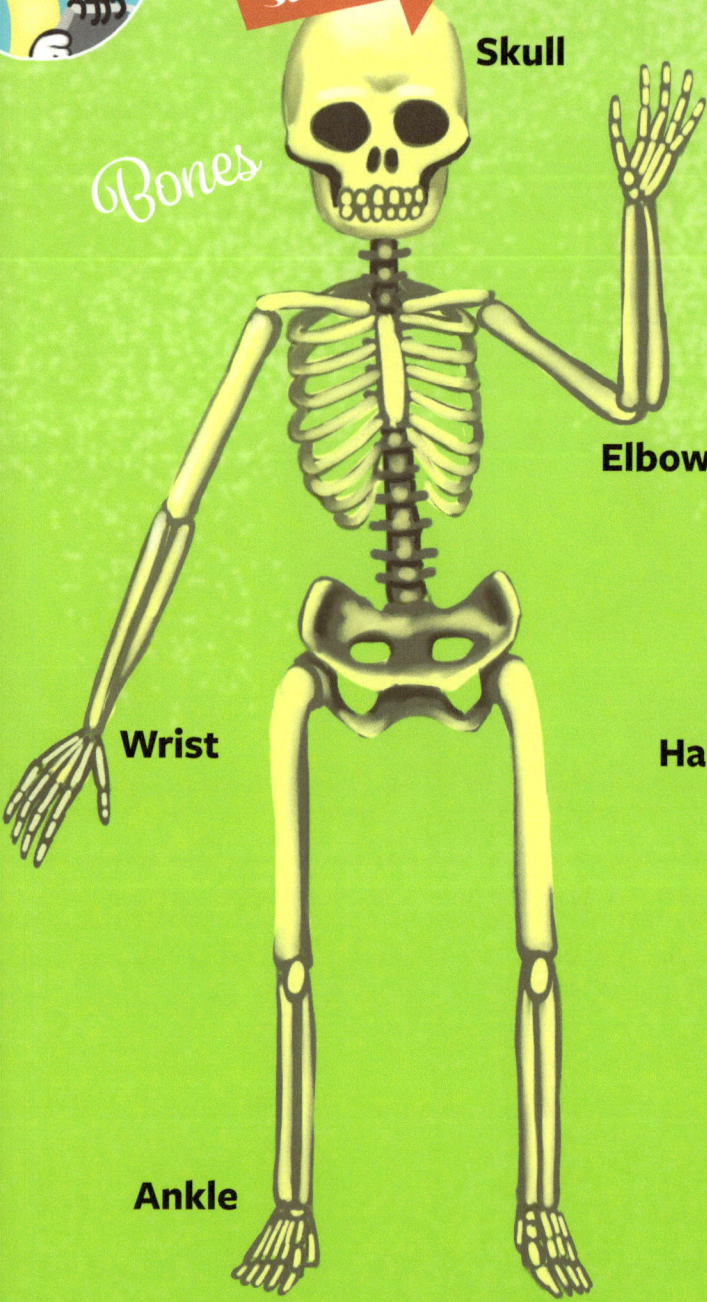

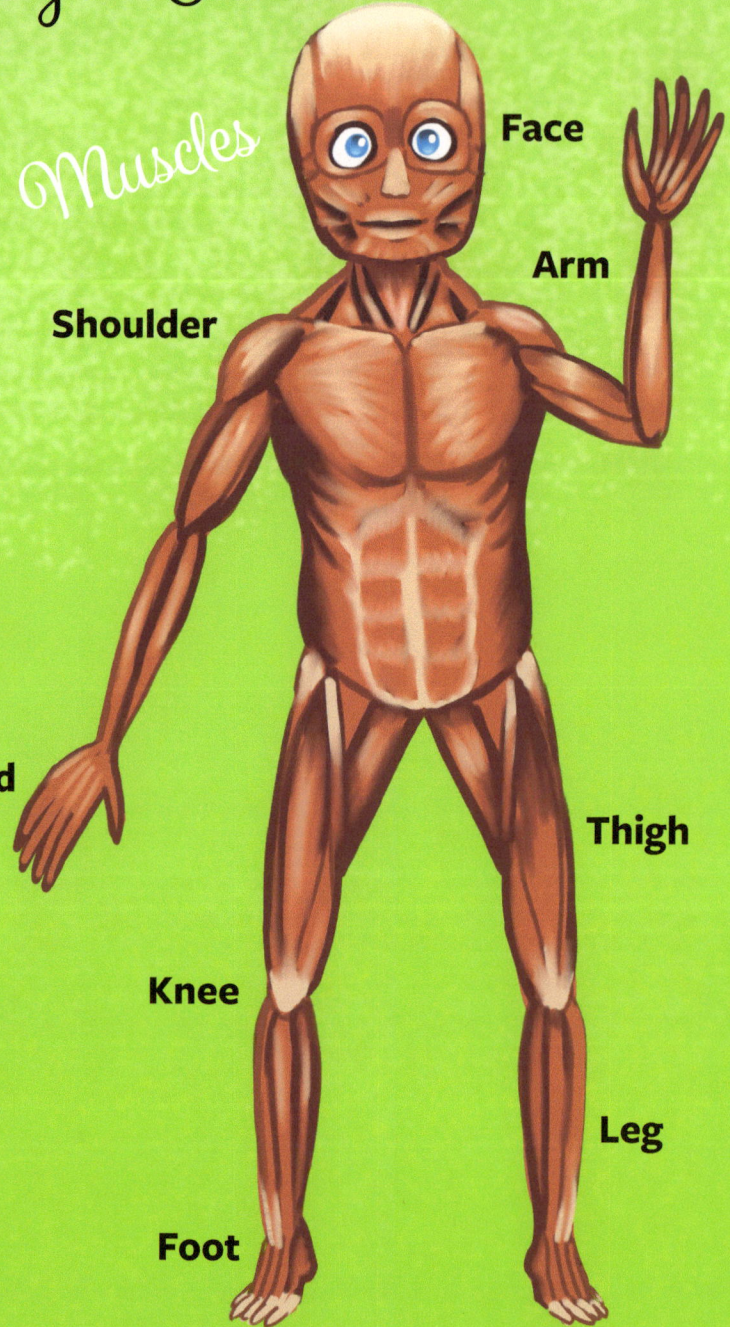

Station 5

Bones

- Skull
- Elbow
- Wrist
- Ankle

Muscles

- Face
- Arm
- Shoulder
- Hand
- Thigh
- Knee
- Leg
- Foot

12

Muscles make your bones move.
For example, with your hands, you can write and throw or catch a ball. The muscles of your face are used for eating, laughing, and winking.
Your spine allows you to stand up and bend over.

Walk

Run

Climb

Pause

Hot generates static electricity
in your hair.

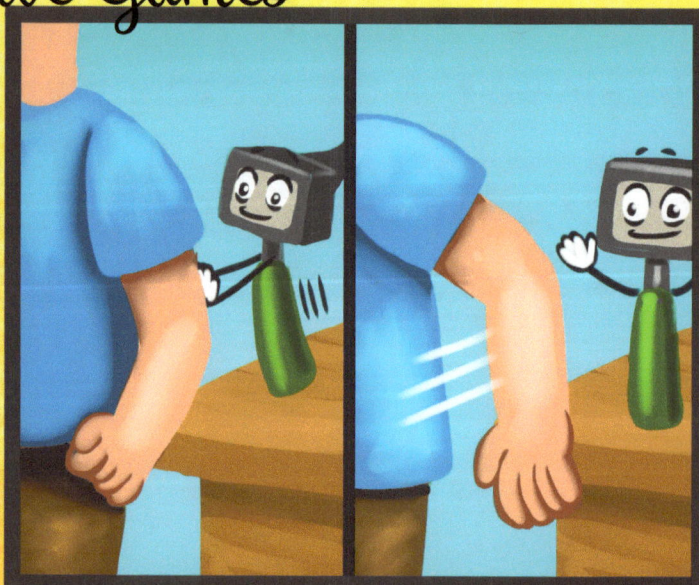

Your muscle retains its effort in memory
a few seconds after being in action.

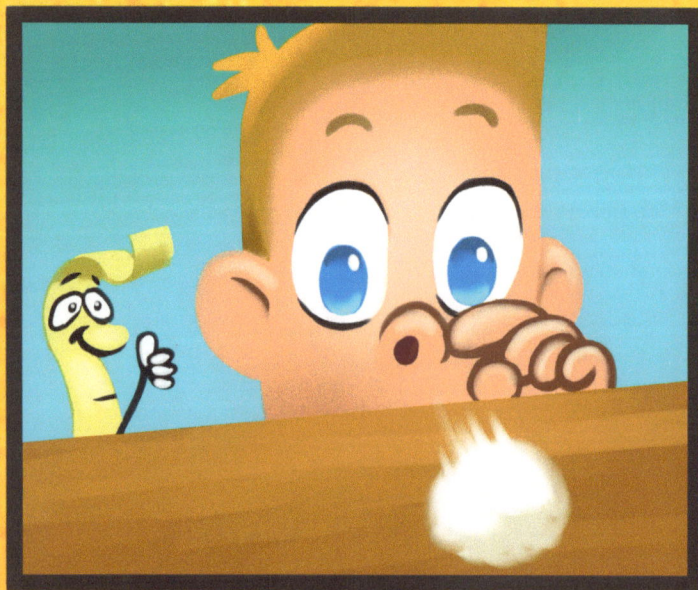

Bravo, now you blow
your nose very well.

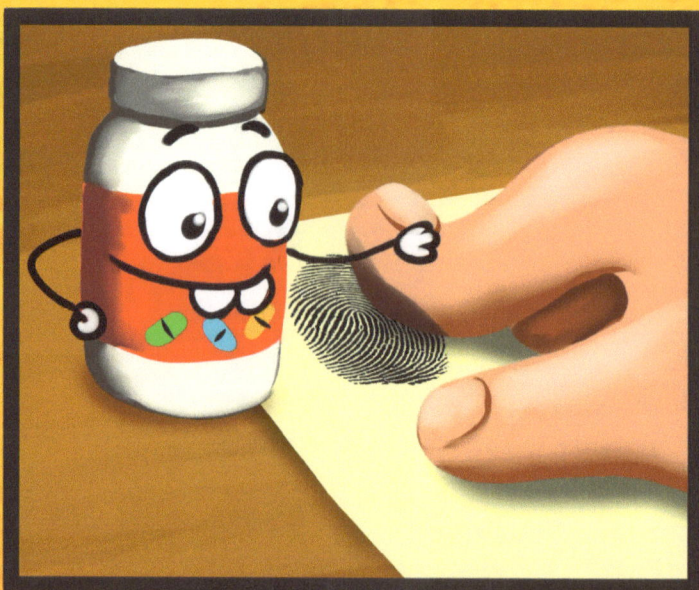

You are the only one
with these fingerprints.

Sounds travel through the air and through your bones.

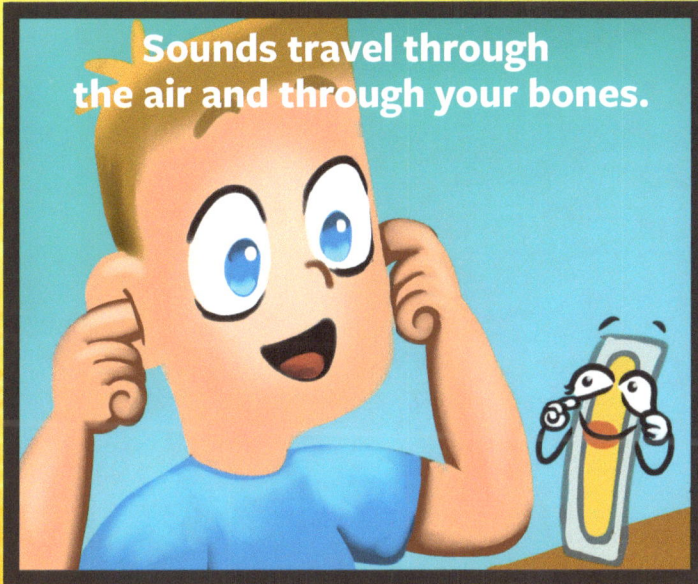

You can still hear yourself talk even if your ears are blocked.

Reflexes are automatic movements. You cannot stop them.

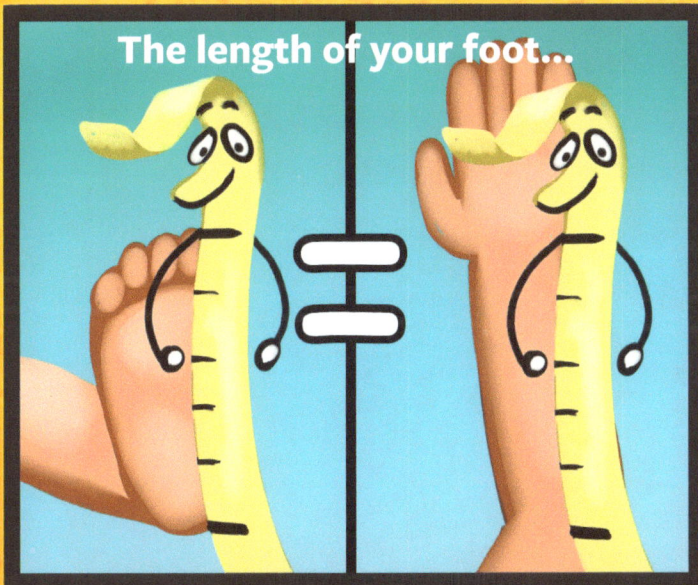

The length of your foot...

...is approximately the length of your forearm.

There is room for a third eye between your two eyes.

The Five Senses

Seeing

Smelling

Hearing

Tasting

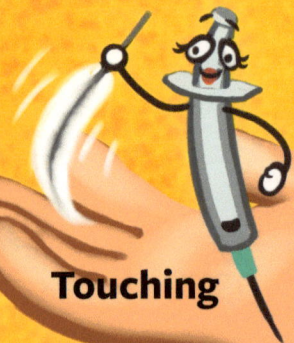

Touching

16

Pill explained, "Felix, the five senses are used to recognize our environment and communicate with others.
Do you know these **funny expressions**?"

To have a big mouth
(to talk too much)

To sleep on both ears
(to sleep soundly without a care)

To put a flea in someone's ear
(to give someone an hint)

To have goosebumps
(to be scared or cold)

17

Focus

Move

Interpret

Tell them apart

Station 1

The Brain

Your brain controls all these functions.

Think

Choose

Solve problems

Deal with emotions

Memorize

"Your skull **protects** your brain," said Mr. Long.

19

The 12 Maintenance Tasks

"Our teacher told us to take care of our body," said Felix.

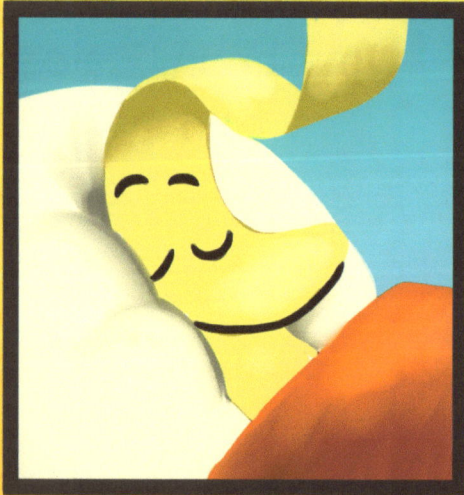

Sleep 10 to 12 hours a night.

Brush and floss your teeth every day after eating.

1, 2, 3...

Count to 10 when you wash your hands.

Wear a hat and sunglasses when you go out in the sun.

Apply sunscreen every two hours.

Exercise at least 30 minutes five times a week.

"She's right," Booboo agreed. Here's what you need to do to keep your body healthy and prevent diseases,

Cut your nails and hair.

Cough into your elbow.

Eat fruits and vegetables.

Wear a helmet when you ski, ride a bike, or play hockey.

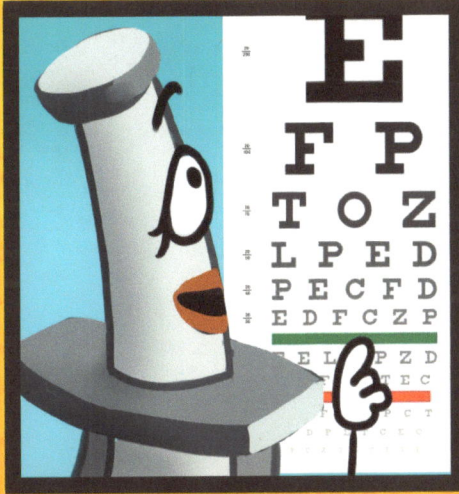

Take an eye exam every year.

Clean your nose when you have a cold.

Felix said proudly to Booboo,
"I scored **100%.**"
"Let us try to answer the questions,"
said the instruments.

★ 100%

The End

22

Answer the questions on Felix's exam.

The correct answers are on the next page.

You can try as many times as you like.

1. **Where in the body can you feel your pulse?**
   a) On the head
   b) On the leg
   c) On the wrist
   d) On the thumb

2. **True or False?**
   When you run, your heart beats faster and your breathing accelerates.

3. **Where are the stools formed?**
   a) In the mouth
   b) In the stomach
   c) In the intestines
   d) In the toilet

4. **In which part of the bag-shaped organ is the urine stored?**
   a) The kidneys
   b) The urethra
   c) The bladder
   d) The stomach

5. **This bone protects your brain. Which one?**
   a) The shoulder
   b) The knee
   c) The wrist
   d) The skull

6. **True or False?**
   Fingerprints are unique to every individual.

7. **True or False?**
   The five senses allow you to learn new things and memorize them.

8. **All the following actions take place in the brain except one, which one?**
   a) Focus
   b) Solving problems
   c) Memorize
   d) Digest food

9. **You must wear a helmet in all except one. Which one?**
   a) Taking a shower
   b) Cycling
   c) Playing hockey
   d) Skiing

10. **When you cough, to which part of your body should you direct the air expelled from your mouth?**
    a) The hands
    b) The legs
    c) The elbow

23

Exam Answers

1. (c) You can check a person's pulse by feeling the artery in their wrist.
   p. 5

2. True. When you run, your heart beats faster and your breathing accelerates to bring oxygen to your muscles.
   p. 7

3. (c) In the intestines.
   p. 8

4. (c) Urine is stored in the bladder before being evacuated.
   p. 10

5. (d) The skull protects the brain.
   p. 19

6. True. Fingerprints are unique to every individual. Even identical twins have different fingerprints.
   p. 14

7. False. The five senses are useful to discover your environment or communicate with others. Memorization and learning occur in the brain.
   p. 17

8. (d) The digestion of food is done in the digestive system. The brain is the control center of the body.
   p. 18

9. (a) You can wear a cap in the shower to keep your hair dry. However, you should wear a safety helmet to protect your head from injury during activities like skiing, cycling, or hockey.
   p. 21

10. (c) When you cough, direct the expelled air into your elbow to prevent spreading germs into the air. Coughing into your hands can lead to contamination of everything you touch.
    p. 21

Felix + Booboo

Felix ist neugierig auf seinen Körper

Illustratorin
Mylène Villeneuve

Autorin
Dr. Nicole Audet

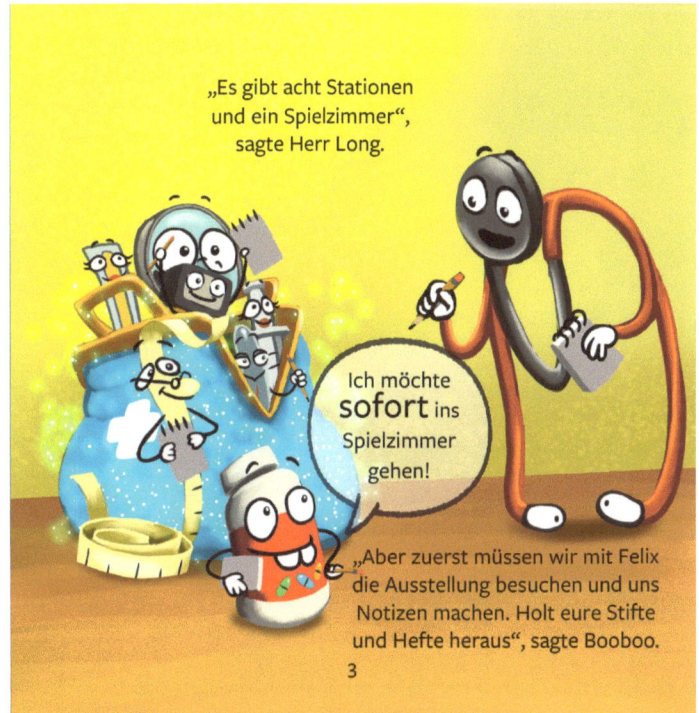

Toc und Herr Long baten ihren Freund Felix, mit ihnen zu spielen. „Nicht jetzt. Ich muss nämlich ins ‚Museum des menschlichen Körpers' gehen, um mich auf eine Prüfung vorzubereiten. Ich fürchte, ich werde nicht alle Fragen beantworten können."

„Nimm uns mit. Mit dem menschlichen Körper kennen wir uns sehr gut aus. Wir können dir sicher helfen", schlug Herr Long vor.

2

„Es gibt acht Stationen und ein Spielzimmer", sagte Herr Long.

Ich möchte **sofort** ins Spielzimmer gehen!

„Aber zuerst müssen wir mit Felix die Ausstellung besuchen und uns Notizen machen. Holt eure Stifte und Hefte heraus", sagte Booboo.

3

DER MENSCHLICHE KÖRPER

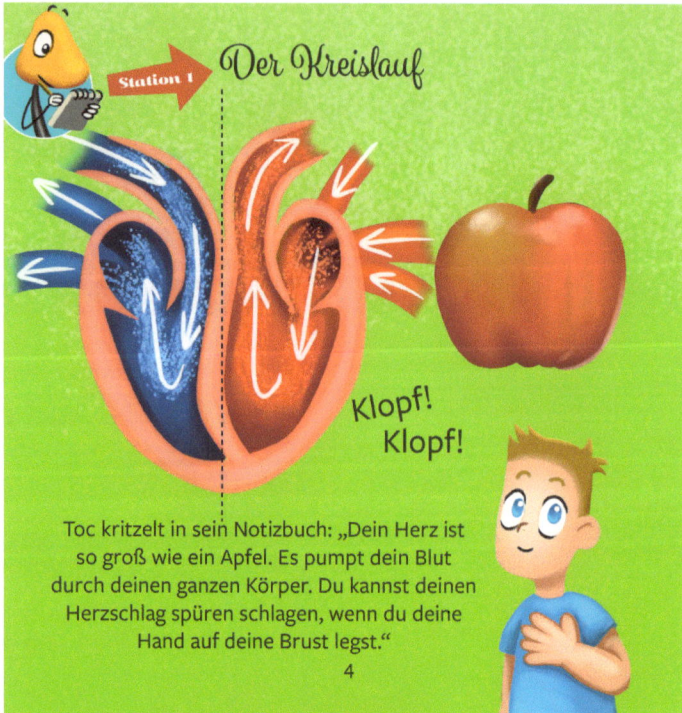

Station 1 — Der Kreislauf

Klopf!
Klopf!

Toc kritzelt in sein Notizbuch: „Dein Herz ist so groß wie ein Apfel. Es pumpt dein Blut durch deinen ganzen Körper. Du kannst deinen Herzschlag spüren schlagen, wenn du deine Hand auf deine Brust legst."

4

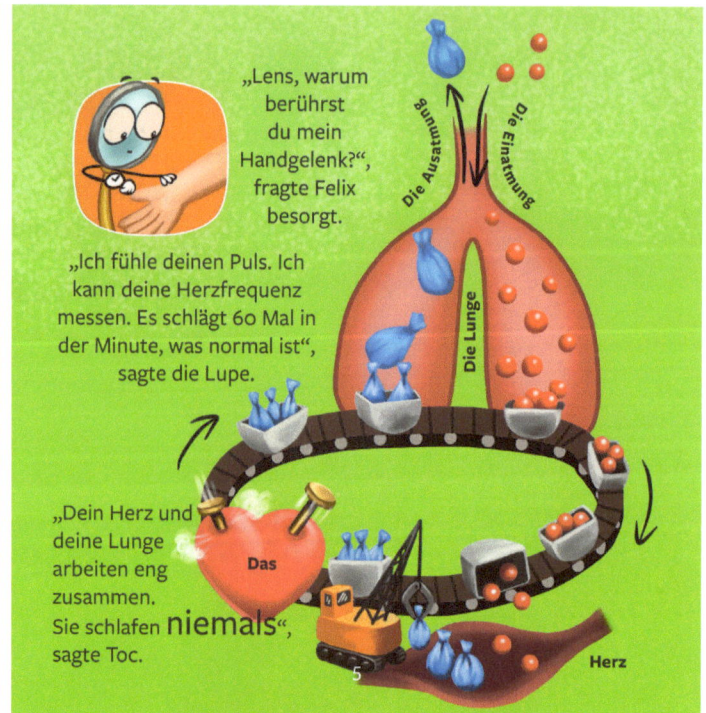

„Lens, warum berührst du mein Handgelenk?", fragte Felix besorgt.

„Ich fühle deinen Puls. Ich kann deine Herzfrequenz messen. Es schlägt 60 Mal in der Minute, was normal ist", sagte die Lupe.

Die Ausatmung
Die Einatmung
Die Lunge

„Dein Herz und deine Lunge arbeiten eng zusammen. Sie schlafen **niemals**", sagte Toc.

Das

Herz

5

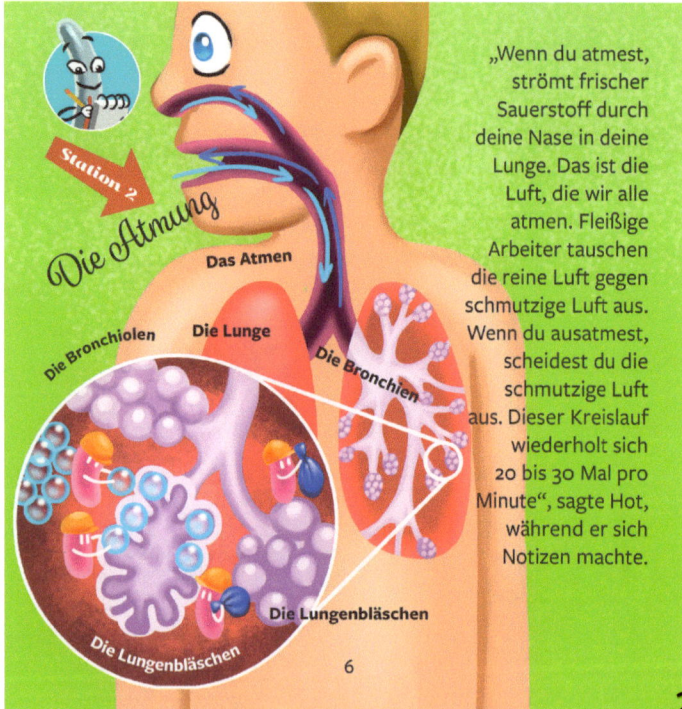

Station 2 — Die Atmung

Das Atmen

Die Bronchiolen
Die Lunge
Die Bronchien

Die Lungenbläschen
Die Lungenbläschen

„Wenn du atmest, strömt frischer Sauerstoff durch deine Nase in deine Lunge. Das ist die Luft, die wir alle atmen. Fleißige Arbeiter tauschen die reine Luft gegen schmutzige Luft aus. Wenn du ausatmest, scheidest du die schmutzige Luft aus. Dieser Kreislauf wiederholt sich 20 bis 30 Mal pro Minute", sagte Hot, während er sich Notizen machte.

6

Herr Long sagt: „Wenn du dich schnell bewegst, schlägt dein Herz schneller und deine Atmung beschleunigt sich, damit deine Muskeln mit mehr Sauerstoff versorgt werden."

„In kalter Luft bilden sich aus der in deinem Atem enthaltenen Feuchtigkeit winzige Tröpfchen. Das sieht dann aus wie Dampf."

7

Die Verdauung

Die Verdauung beginnt mit einem Bissen Nahrung und endet mit der Bildung von Stuhlgang. Manchmal entweicht Gas aus dem Enddarm, das macht dann Geräusche und man furzt", sagte View

Du isst Lebensmittel.

Was man im Mund aufnimmt, geht danach wie durch eine lange Röhre.

Es wird zerkleinert und gelangt in den Magen angekommen.

Du machst großes Geschäft, oder auch: du kackst.

Jetzt spürst du, dass du dringend aufs Klo musst.

Im Dünn- und Dickdarm wird dann die Kacke gebildet

„Booboo, warum schlafe ich so oft nach einer großen Mahlzeit ein?", fragte Felix.

„Dein Körper braucht Energie, um die Nahrung im Bauch zu verdauen", antwortete das Stethoskop.

9

Das Filtern des Bluts in den Nieren

Das Blut fließt in deine Nieren.

Winzige Arbeiter filtern emsig dein Blut.

Der Urin fließt dann durch die Harnleiter in die Blase.

Du pinkelst.

Und du spürst, dass du auf die Toilette gehen und Pipi machen musst.

Deine Blase füllt sich.

10

Du hast zwei Nieren. Sie filtern dein Blut und produzieren in sechs Schritten das Pipi, wozu man auch Harn oder Urin sagt", erklärt Ah.

Die Vene

Die Arterie

Die Nieren

Die Nieren

Die Harnröhre

Die Blase

Die Harnröhre

Ahhh setzt sich beim Pinkeln.

Lens steht beim Pinkeln.

11

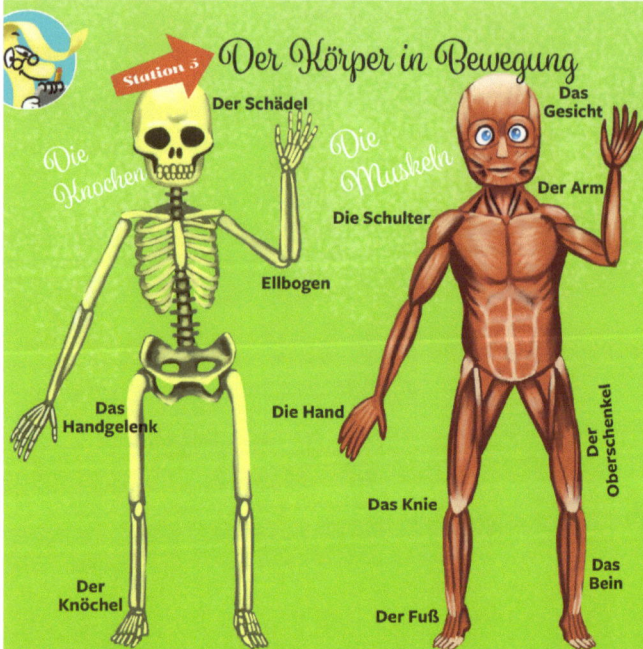

Der Körper in Bewegung

Die Knochen

Der Schädel

Die Schulter

Ellbogen

Das Handgelenk

Das Knie

Der Knöchel

Die Muskeln

Das Gesicht

Der Arm

Die Hand

Der Oberschenkel

Das Bein

Der Fuß

12

Die Muskeln sorgen dafür, dass sich deine Knochen bewegen. Zum Beispiel kannst du mit deinen Händen schreiben, einen Ball werfen oder fangen und vieles mehr tun. Die Muskeln in deinem Gesicht brauchst du beim Essen, Lachen und Zwinkern. Und deine Wirbelsäule ermöglicht es dir, aufrecht zu stehen oder dich zu beugen.

Spazieren gehen

Laufen

Klettern

13

Interaktive Spiele

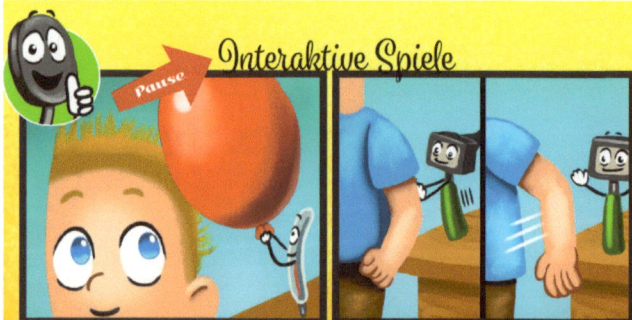

Hot erzeugt statische Elektrizität in seinem Haar.

Wenn sich dein Muskel angestrengt hat, behält er dieses Gefühl noch einige Sekunden nach der Betätigung im Gedächtnis.

Bravo! Jetzt schnäuzt du dich schon ganz prima.

Stell' dir vor: Du bist der einzige mit genau diesen Fingerabdrücken.

14

Der Schall überträgt sich durch die Luft und auch über deine Knochen.

Deshalb kannst du dich selbst sprechen hören, auch wenn du deine Ohren zuhälst.

Reflexe sind automatische Bewegungen. Man kann sie nicht aufhalten.

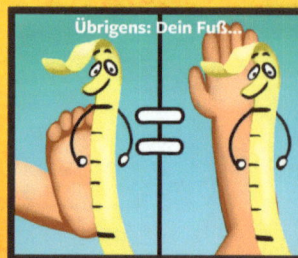

Übrigens: Dein Fuß...

...ist ungefähr so lang wie dein Unterarm.

Zwischen deinen beiden Augen wäre noch Platz für ein drittes Auge.

15

Station 6

Die fünf Sinne

Sehen

Riechen

Schmecker

Hören

Fühlen

16

Pille erklärt: „Felix, mit deinen fünf Sinnen kannst du die Umgebung erkennen und dich mit anderen unterhalten oder mit ihnen spielen. Kennst du diese **lustigen Ausdrücke?**"

Eine große Klappe haben

Schlafen wie ein Murmeltier

Jemandem einen Floh ins Ohr setzen

Gänsehaut haben

17

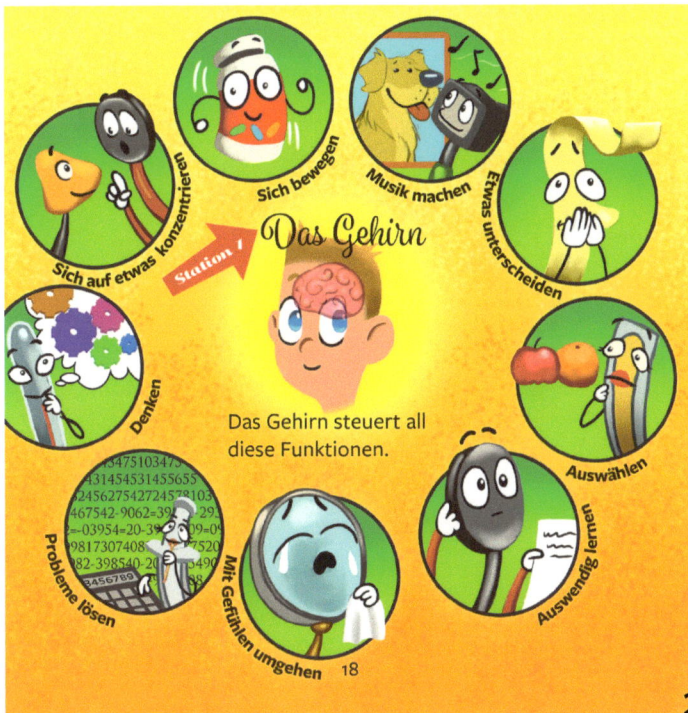

Sich auf etwas konzentrieren

Sich bewegen

Musik machen

Etwas unterscheiden

Station 7

Das Gehirn

Denken

Auswählen

Probleme lösen

Mit Gefühlen umgehen

Auswendig lernen

Das Gehirn steuert all diese Funktionen.

18

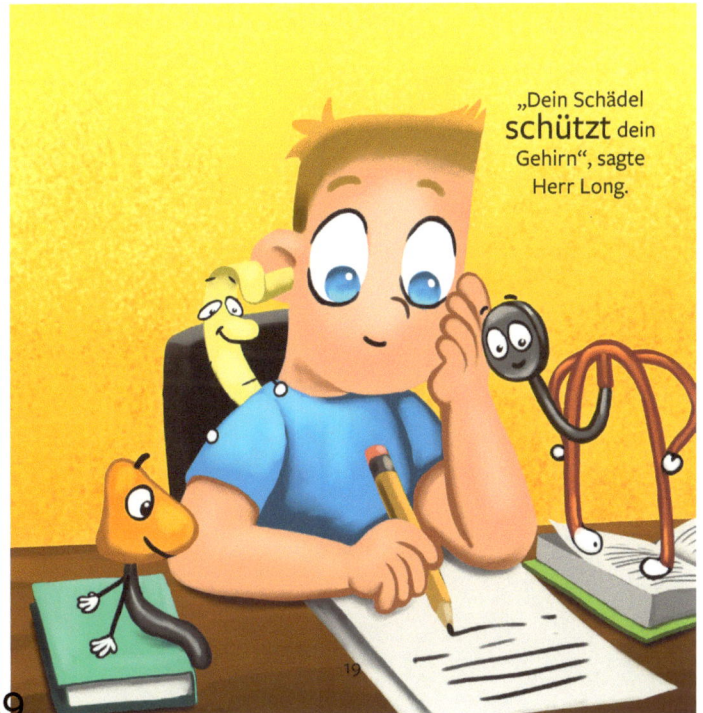

„Dein Schädel **schützt** dein Gehirn", sagte Herr Long.

19

Zwölf Dinge, auf die du bei deinem Körper achten musst.

Station 3

„Unser Lehrer hat uns gesagt, dass wir auf unseren Körper gut aufpassen sollen", sagte Felix.

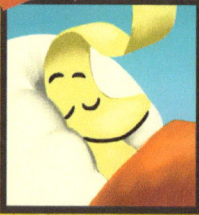
Schlafe 10 bis 12 Stunden pro Nacht.

Putze jeden Tag nach dem Essen deine Zähne und verwende Zahnseide

Zähle bis 10, wenn du dir die Hände wäschst.

Trage einen Hut und eine Sonnenbrille, wenn du in die Sonne gehst.

Trage alle zwei Stunden einen Sonnenschutz auf.

Mache fünfmal pro Woche Sport für mindestens 30 Minuten.

20

Sie hat Recht", stimmte Booboo zu. Hier ist, was du tun solltest, um deinen Körper gesund zu halten und Krankheiten vorzubeugen,

Halte deine Nägel kurz und pflege deine Haare.

Huste nicht andere Leute an.

Iss Obst und Gemüse.

Trage einen Helm, wenn du Ski fährst, Rad fährst oder Hockey spielst.

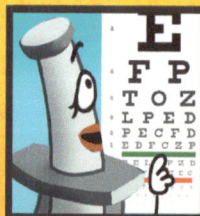
Gehe jedes Jahr zur Augenuntersuchung.

Wenn du erkältet bist, putze deine Nase.

21

Felix sagte stolz zu Booboo,
„Ich habe die volle Punktzahl erreicht."
„Versuchen wir, die Fragen zu beantworten",
sagten die Instrumente.

30

Ende

Beantworte die Fragen in Felix' Prüfung.

Die richtigen Antworten findest du auf der nächsten Seite.

Du kannst es so oft probieren, wie du möchtest.

1. Wo am Körper kannst du deinen Puls spüren?
a) Auf dem Kopf
b) Am Bein
c) Am Handgelenk
d) Am Daumen

2. Richtig oder falsch?
Wenn du läufst, schlägt dein Herz schneller und deine Atmung beschleunigt sich.

3. Wo wird der Stuhl gebildet?
a) Im Mund
b) Im Magen
c) Im Darm
d) In der Toilette

4. In welchem Teil des sackförmigen Organs wird der Urin gespeichert?
a) In den Nieren
b) In der Harnröhre
c) In der Blase
d) Im Magen

5. Welche Knochen schützen dein Gehirn?
a) Das Schulterblatt
b) Das Knie
c) Das Handgelenk
d) Der Schädel

6. Richtig oder falsch?
Die Fingerabdrücke sind bei jedem Menschen einzigartig.

7. Richtig oder falsch?
Mit den fünf Sinnen kann man neue Dinge lernen und sie sich einprägen.

8. Alle folgenden Vorgänge finden im Gehirn statt, mit einer Ausnahme: Welche ist das?
a) Sich konzentrieren
b) Probleme lösen
c) Auswendiglernen und sich Erinnern
d) Nahrung verdauen

9. Du solltest in jeder der folgenden Situation einen Helm tragen, außer in einer. In welcher?
a) Unter der Dusche
b) Beim Radfahren
c) Beim Hockey spielen
d) Beim Schifahren

10. Auf welchen Körperteil solltest du beim Husten die Luft richten, die aus dem Mund kommt?
a) In die Hände
b) Auf die Beine
c) In den Ellbogen

Antworten zur Prüfung

1. (c) Du kannst den Puls einer Person spüren, indem du die Arterie am Handgelenk fühlst. S. 5

2. Richtig. Wenn du läufst, schlägt dein Herz schneller und deine Atmung beschleunigt sich, um deine Muskeln mit Sauerstoff zu versorgen. S. 7

3. (c) Im Darm. S. 8

4. (c) Der Urin wird in der Blase gespeichert, bevor er ausgeschieden wird. S. 10

5. (d) Der Schädel schützt das Gehirn. S. 19

6. Richtig. Die Fingerabdrücke sind bei jedem Menschen einzigartig. Selbst eineiige Zwillinge haben unterschiedliche Fingerabdrücke. S. 14

7. Falsch. Die fünf Sinne helfen uns, unsere Umgebung zu erkunden und mit anderen zu reden, zu spielen usf., während das Lernen und das Erinnern im Gehirn stattfinden. S. 17

8. (d) Die Verdauung der Nahrung findet im Verdauungssystem statt. Das Gehirn ist das Kontrollzentrum des Körpers. S. 18

9. (a) Du kannst unter der Dusche eine Duschhaube tragen um dein Haar trocken zu halten. Du solltest jedoch einen Schutzhelm tragen, um deinen Kopf bei Aktivitäten wie Schifahren, Radfahren oder Hockey vor Verletzungen zu schützen. S. 21

10. (c) Wenn du husten musst, dann lenke die ausgestoßene Luft in deinen Ellbogen, um die Verbreitung von Keimen in der Luft zu verhindern. Wenn du in die Hände hustest, kannst du alles anstecken, was du anfasst. S. 21

By the Same Author/ Von derselben Autorin

FELIX AND BOOBOO SERIES / DIE SERIE „FELIX UND BOOBOO"

Illustrator: Mylène Villeneuve

Lucas Has an Earache (Otitis)
Lucas a mal à l'oreille (Otite)

Maya's Head Is Itching (Lice)
Joëlle se gratte la tête (Poux)

Maya Visits Her Doctor (Vaccination)
Joëlle va chez le docteur (Vaccination)
Lea Does Not Feel Well (Gastroenteritis)
Léa a mal au ventre (Gastroentérite)

Special Food for Sam (Allergies)
Des biscuits spéciaux pour Gabriel (Allergies)

Amy Has a Rash (Chickenpox)
Sabrina a des boutons (Varicelle)

Charles Hurt Himself Playing (Broken Arm)
Charles s'est blessé en jouant (Bras cassé)

Felix Is Curious About His Body (Human Body
Félix au musée du corps humain (Corps humain)

BILINGUAL BOOKS / ZWEISPRACHIGE BÜCHER

Are You Eating My Lunch? / Manges-tu mon lunch?

Strike At Charles' Farm / Grève à la ferme de Charles

ADULT BOOKS / BÜCHER FÜR ERWACHSENE

The Magic of Empathy / La magie de l'empathie

AUTHOR'S WEBSITES / WEBSITE DER AUTORIN

www.NicoleAudet.com / DrNicoleBook.com / FelixandBooboo.com

www.ingramcontent.com/pod-product-compliance
Lightning Source LLC
LaVergne TN
LVHW072132070426
835513LV00002B/71